ORGANISATION

DU

TRAVAIL AGRICOLE.

ORGANISATION

DU

TRAVAIL AGRICOLE,

PAR LE CITOYEN

P. JOIGNEAUX,

Représentant de la Côte-d'Or à l'Assemblée nationale.

PREMIÈRE PARTIE.

L'amélioration du sort des travailleurs de l'industrie et de l'agriculture est aujourd'hui l'objet de sérieuses préoccupations, et de la part de ceux qui compatissent sincèrement aux douleurs de leurs frères, et de la part de ceux qui comprennent bien les exigences de la situation. Il est donc du devoir des hommes spéciaux de se mettre à l'œuvre, chacun dans la mesure de ses connaissances et de ses forces ; autrement la question tomberait dans le domaine des grands diseurs de mots vides, et sa solution resterait immanquablement à l'état de problème.

Pour notre compte, nous apportons avec empressement, aux hommes de bon vouloir,

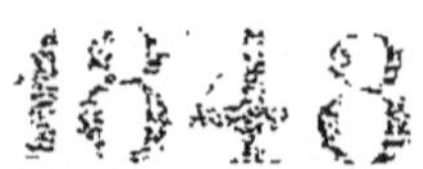

le faible tribut de nos travaux théoriques et pratiques, en ce qui touche l'agriculture.

Le temps presse ; en conséquence, nous serons bref. Nous dirons d'abord les causes des maux qui pèsent sur l'agriculture ; nous dirons ensuite les remèdes auxquels, à notre avis, il convient de recourir sans délai. Il est inutile d'ajouter que nous n'avons pas le moins du monde, en ce moment, la prétention d'offrir au public un travail complet d'organisation ; nous ne voulons qu'indiquer certaines améliorations de détail, immédiatement réalisables, et mettre le Gouvernement en demeure de les appliquer sur-le-champ.

CAUSES DES MAUX QUI PÈSENT SUR L'AGRICULTURE.

Ces causes sont :

1º Le défaut d'instruction ou une instruction en désaccord avec les exigences de l'agriculture ;

2º L'individualisme ;

3º Le morcellement de la propriété ;

4º Le manque de capitaux ;

5º Le manque de bras.

Défaut d'instruction ou instruction en désaccord avec les exigences de l'Agriculture. — Quel doit être le but principal de l'enseignement primaire dans nos campagnes ? Évidemment, celui de former autant que possible des cultivateurs intelligents. En est-il ainsi ? Non, à moins que l'on ne prenne au sérieux les petits livres d'empirisme agricole que l'Université met entre les mains de nos instituteurs, et qui ne servent qu'à fatiguer sans profit la mémoire des enfants. Quand, au sortir de nos écoles communales, ces enfants savent passablement lire, écrire et calculer, on estime le résultat très-satisfaisant; de là cette routine, ce *statu quo* opiniâtre, dont il est si difficile de s'affranchir.

Les lycées de nos villes sont-ils plus favorables à l'agriculture que nos écoles de village ? Nullement. L'enseignement professionnel n'y existe pas davantage ; on sacrifie la science de la production au grec, au latin ; on prépare des avocats, des avoués, des médecins ; on favorise l'émigration des campagnes vers les villes, on semble prendre à tâche de nous éloigner chaque jour davantage du travail des champs. Le moment vient, il est vrai, où bon nombre des victimes de l'Université s'aperçoivent qu'elles ont fait fausse route ; mais à leur retour dans les campagnes les jeunes hommes se trouvent dans l'impossibilité de s'établir. Les jeunes filles qui passent pour intelligentes ont reçu dans les villes une éducation si fâcheuse qu'elles ne veulent plus de l'honorable condition de fermières. Elles tiennent à devenir bourgeoises.

L'individualisme. — Tout s'enchaîne en ce monde. Par cela même que la culture des intelligences a été négligée dans nos villages, les belles qualités du cœur ont dû souffrir et ont souffert, en effet, dans leur développement; les sentiments de fraternité et d'amour ont été la plupart du temps étouffés. A peu d'exceptions près, les relations entre citoyens de la même commune ou du même village sont plutôt froides que sympathiques; on s'isole, on vit chez soi et pour soi; les affections vives ne franchissent pas volontiers le seuil du sanctuaire de la famille. Les hommes sont rapprochés les uns des autres, mais ils sont loin d'être unis par les liens d'une douce solidarité; le plus souvent, au contraire, ils se jalousent et se haïssent. Que voulez-vous, la société qui, dans tous les temps, n'a su que faire appel aux appétits matériels des populations, récolte aujourd'hui ce qu'elle a semé. — Pour le plus insaisissable froissement, pour le plus mince dommage, pour la servitude la moins gênante, pour une ligne de démarcation, un pouce de terre, une haie, un mur, un sentier, pour un mot, pour une médisance sans portée, une misère, un rien, les jalousies et les haines s'éveillent et s'accumulent; on se maudit au lieu de s'aimer en frères; on s'entre-déchire au lieu de s'entr'aider; souvent on se ruine en procès pour des futilités, et tel citoyen qui, à force de labeur, de sobriété, de privations même, a économisé quelques écus, les jette de gaieté de cœur pour assouvir une mauvaise passion. Ces déplorables résultats sont dus à l'individualisme, à l'égoïsme de notre siècle.

Morcellement de la propriété. — Il va sans dire que nous préférons le morcellement de la propriété tel qu'il existe, à ces grands domaines seigneuriaux que notre première Révolution prit soin de démembrer. En augmentant le nombre des détenteurs du sol, en intéressant plus directement les cultivateurs à la production, on a stimulé leur activité et augmenté la somme des produits ; mais si la petite propriété a des avantages sur la grande dans l'état actuel des choses, elle a aussi de graves inconvénients. Sous un point de vue elle divise les hommes, elle entretient l'égoïsme ; sous un autre point de vue, la propriété morcelée, la propriété parcellaire, absorbe beaucoup de temps et de peines en pure perte ; elle s'oppose souvent aux améliorations agricoles qui exigent des déboursés plus ou moins considérables ; elle s'oppose toujours à ces mêmes améliorations en assujettissant les cultivateurs progressistes à suivre le mode de culture adopté par les cultivateurs routiniers, dont les propriétés avoisinent ou entourent les leurs.

En divisant la propriété, on divise les hommes ; et, en effet, moins on possède, plus on

est jaloux de ses titres de propriétaire, plus
on devient soupçonneux, défiant et voisin peu
commode. Une borne ébréchée, un pieu de
démarcation enlevé, un sillon qui forme un
coude trop prononcé, un contour foulé par
les chevaux ou les bœufs d'un aboutissant, un
coup de faucille aventureux au moment des
récoltes, tout cela sert fréquemment de pré-
texte ou de cause à des querelles sans fin, à
des procès interminables.

La propriété particulière, qui se compose
de parcelles, absorbe, nous le répétons, beaucoup de temps et de peines en pure perte.
Et, en effet, dans une pareille condition, les
cultivateurs, après avoir labouré, fumé, en-
semencé une parcelle de terrain, sont forcés
nécessairement de passer de cette parcelle à
une autre pour la labourer, la fumer, l'ense-
mencer à son tour, et il y a perte de temps et
de forces d'autant plus sensible que cette par-
celle-ci est plus éloignée de cette parcelle-là.
Les terrains exploités en bloc ne présentent
assurément pas ce grave inconvénient. Et puis
la propriété parcellaire offre des obstacles
très-sérieux, quant aux modes d'assolement.
Supposez que votre propriété n'aboutisse sur
aucun chemin, soit vicinal, soit de desserte, et
qu'elle soit enclavée dans les terres de voisins,
cultivant selon les traditions de l'empirisme
et n'en voulant démordre, il est évident que,
bon gré mal gré, vous devrez adopter leur as-

solement, à moins de fouler, de ravager leurs soles ensemencées et de payer de grosses indemnités que ne compenseraient pas les avantages de votre nouveau mode de culture.

En dernier lieu, il est facile de démontrer en deux mots que les améliorations agricoles quelque peu coûteuses sont incompatibles avec la petite propriété isolée. Pauvre petit propriétaire, vivant au jour le jour, je ne puis profiter de la découverte d'un instrument aratoire économique, je ne puis me procurer, avec mes seules ressources, le moyen de produire le plus possible au meilleur marché possible. Donc, me voici placé, vis-à-vis de la grosse propriété, dans les conditions d'une infériorité écrasante.

Le manque de capitaux. — Dans nos campagnes, l'argent est rare, très-rare. La plupart des riches propriétaires ne réalisent que de minces revenus et les consacrent de suite à des acquisitions de terrains ; les fermiers, de leur côté, en raison des prix d'amodiation, constatent plus souvent des pertes que du profit à l'expiration de leurs baux de courte durée. En somme donc, peu d'agriculteurs sont en mesure de faire les avances que nécessitent de temps à autre les exploitations agricoles. Et si l'on n'y prend garde, l'état de choses ne fera qu'empirer, attendu que l'on se crée chaque jour des besoins plus ou moins coûteux, sans que le chiffre des recettes suive la progression du chiffre des dépenses. De là, les fréquents emprunts sur hypothèques et la nécessité désastreuse de se jeter entre les griffes de l'usure, quand les emprunts en question deviennent difficilement réalisables, ce qui n'arrive que trop souvent, grâce à notre régime hypothécaire.

Le manque de bras.— On parle beaucoup de mettre en culture de vastes étendues de terrains en friche et d'assainir les marais. C'est fort bien, sans doute ; mais on ne remarque pas assez, ce nous semble, que nous manquons de bras, même pour féconder les terres qui se trouvent à cette heure en état de culture. Il n'est pas rare de rencontrer des populations agricoles qui doivent leur misère à des exploitations trop étendues. Commençons par arrêter l'émigration et par faire refluer vers les campagnes le trop plein de la population travailleuse de nos villes industrielles ; cultivons bien d'abord ce que presque toujours nous cultivons mal, faute de bras, et ensuite nous nous occuperons de l'extension des cultures, nous parlerons des terrains vagues, des landes, des pâtis improductifs, des marais à dessécher, etc. Qu'on le sache bien, la difficulté n'est pas dans l'extension de ces cultures ; elle est tout entière dans la recherche des moyens propres à ramener dans nos villages les déserteurs de l'agriculture et à former des travailleurs agricoles avec des hommes recrutés parmi les travailleurs de l'industrie. Les réformateurs qui n'entendent rien au côté pratique des choses s'imaginent que pour rendre ou donner à nos campagnes les bras qui lui font défaut, il suffit de faire appel aux ouvriers inoccupés de nos villes ou de nos grandes fabriques. Et l'apprentissage agricole? Le comptent-ils donc pour rien? Croient-ils bénévolement que le premier ouvrier venu, quelque vigoureux qu'il soit, saura manier de suite une houe, une bêche, une charrue, des chevaux, etc.? Erreur, erreur, on n'improvise pas un cultivateur en huit jours, il faut souvent des années pour le créer. La question embarrassante est là ; nous nous en occuperons avec soin dans la seconde partie de cette petite brochure.

DEUXIÈME PARTIE.

Nous venons de faire une esquisse rapide des causes des maux qui pèsent sur nos populations agricoles ; voyons maintenant quels remèdes on peut immédiatement et raisonnablement leur opposer. Ce sont à notre avis :

1° L'enseignement agricole pour les jeunes hommes et les jeunes filles ;

2° Les sociétés de secours mutuels et les jurys de conciliation ;

3° La mise en pièces des terrains et l'association ;

4° Les assurances par l'Etat, les banques agricoles ou la mobilisation de la propriété ;

5° Les colonies agricoles, les fermes-modèles, les encouragements de toutes sortes.

De l'enseignement. — C'est par là qu'il faut débuter et sans retard ; l'empirisme tue l'agriculture ; il est donc nécessaire de lui déclarer une rude guerre. Il importe que l'agriculture ne soit pas indéfiniment ce que l'on appelle un *art*; la science doit y jouer le principal rôle; il est nécessaire que tout fait mécanique, que toute observation de la pratique soient expliqués scientifiquement et en termes si nets que chacun puisse comprendre ces explications. Jusqu'à ce moment, les bras seuls ont agi dans nos campagnes, il faut que la tête agisse en même temps et que nos cultivateurs sachent se rendre compte de leurs opérations. C'est ainsi, mais seulement ainsi que vous pourrez donner de l'attrait aux travaux agricoles et relever à leurs propres yeux, en même temps qu'aux yeux de tous, la profession de ces pionniers du sol, si longtemps et si injustement déshérités des jouissances intellectuelles et morales.

Nous n'inviterons pas le gouvernement de la République à organiser de suite l'enseignement agricole dans nos villes et nos villages. Ce serait lui demander l'impossible, attendu qu'il n'a à sa disposition ni livres élémentaires ni professeurs. Il faut créer les uns et les autres; nous le disons à regret, mais il vaut mieux, ce nous semble, avouer notre impuissance que de la dissimuler. Oui, il faut créer les livres élémentaires agricoles, car ceux que nous a légués la vieille Université ne sont pas à la portée de toutes les intelligences et laissent presque tout à désirer, quant à la question scientifique. Ils ne peuvent satisfaire ni les vrais cultivateurs ni les agronomes sérieux. Oui, il faut créer les professeurs, car, à peu d'exceptions près, ceux que nous possédons sont ou trop exclusivement empiriques ou trop hommes de cabinet et de laboratoire. Or, il serait nécessaire qu'ils fussent à la fois et praticiens exercés et théoriciens habiles ; autrement nous aurons le *statu quo*, la routine ou les entreprises hasardeuses. C'est ce que nous devons éviter à tout prix.

La difficulté est sérieuse, comment nous y prendrons-nous pour la lever? Nous croyons que l'on ferait bien d'ouvrir un concours et d'offrir une récompense très - importante à l'auteur du meilleur *Traité élémentaire d'agriculture théorique et pratique*. Le jury d'examen se composerait de trente citoyens, parmi lesquels cinq hommes de science d'une célébrité bien assise en chimie et en physiologie, cinq agronomes, connus par leurs publications spéciales, et vingt cultivateurs *de profession* et d'un jugement éprouvé, choisis en nombre égal dans les régions agricoles du midi, de l'est, de l'ouest et du nord de la France. L'ouvrage, couronné par ce jury d'examen, réunirait, soyez-en sûrs, toutes les conditions de succès et servirait de base à un nouveau système d'enseignement agricole.

Ce point obtenu, on pourrait créer sur-le-champ quatre grandes écoles d'agriculture, c'est-à-dire une par région, afin de former dans chacune d'elles une pépinière de jeunes professeurs, autant que possible fils de cultivateurs, c'est-à-dire originaires de nos campagnes et destinés à combler la lacune importante qui existe dans l'enseignement des villes, soit dans les lycées, soit dans les écoles normales. Et puis, afin de précipiter le progrès parmi les enfants et les cultivateurs des communes rurales, un certain nombre de professeurs, sortis des écoles dont il vient d'être question, s'occuperaient, les uns de la direction de fermes-modèles cantonales ou d'arrondissement d'abord, les autres de l'instruction nomade. Voici ce que nous écrivions à ce sujet, il y a quelques mois :

« Par instruction nomade, nous entendons celle que donnerait un professeur d'agriculture, allant de commune en commune, durant la morte-saison d'hiver, c'est-à-dire depuis les premiers jours de novembre jusqu'à la fin de février. Les cultivateurs ne sont pas hommes à se déplacer pour suivre à la ville des cours spéciaux que l'on ouvrirait facilement à leur intention ; il faut aller les trouver chez eux, dans leurs villages, s'installer sur leur propre territoire, les conquérir par la propagande, comme font les missionnaires pour le catholicisme. Si, pour les convertir au progrès, nous prenons le parti de les attendre, nous perdrons notre temps ; allons à eux, portons-leur en quelque sorte l'enseignement à domicile, et nous aurons un auditoire, ne fût-ce qu'en vertu de la rareté du fait, un auditoire de curieux, plus disposés, il est vrai, à la critique qu'à l'étude, mais peu importe ; avec un peu d'habileté et des connaissances solides, il ne sera pas difficile de captiver l'attention de l'assemblée, de la dominer complétement.

« Pour accomplir une mission de cette nature, il serait nécessaire que le professeur, chargé par exemple de l'enseignement dans un canton, connût parfaitement la nature des terrains de chaque commune, les noms des différentes pièces de terre, les usages de la culture locale, le langage du pays, les noms patois des plantes cultivées ou croissant spontanément, la nature et l'emploi des divers engrais, toutes les particularités relatives à l'élève du bétail, les erreurs accréditées, les traditions acceptées, enfin, tous les détails nécessaires pour l'appréciation rigoureuse des pratiques agricoles de l'endroit. Sachant cela, il ne serait pas en peine de se faire comprendre, car il n'avancerait pas un seul fait, il ne développerait pas une seule théorie, sans l'appuyer d'exemples à la portée de tous ses auditeurs. D'ailleurs, les élèves seront toujours bons, lorsqu'ils n'auront pas affaire à de mauvais professeurs. »

Un cours de deux heures à deux heures et demie pendant huit jours suffirait pour don-

ner l'instruction du premier degré à nos cultivateurs. Le *Traité élémentaire d'agriculture*,
les instituteurs et les fermes-modèles feraient
le reste.

D'un autre côté, les jeunes hommes instruits
tiendraient souvent à honneur d'apporter à
nos campagnes le tribut de connaissances ac-
quises dans les villes et entretiendraient ainsi
l'élan du progrès parmi nos populations rurales.

Mais aussi, pour ramener au pays natal les
fils de riches cultivateurs et les y fixer, hâ-
tons-nous d'ouvrir dans les villes d'excel-
lentes écoles pour les jeunes filles, écoles destinées à former des femmes sérieuses, intelligentes, estimables à tous égards ; car un des
grands malheurs de notre temps, c'est que
les jeunes filles riches de nos campagnes les
abandonnent de gaieté de cœur sous l'influence
de la mauvaise éducation qui leur est donnée
dans les villes, tandis que les jeunes hommes
ont, eux, le bon esprit d'y revenir. On com-
prend de suite le fâcheux résultat de ces tendances qui se produisent en sens inverse.
Ceux-ci veulent des femmes intelligentes ; cel-
les-là ne veulent pas des villageois et empor-
tent leurs terres sous forme de dot à des
avoués, des avocats, des notaires ou des médecins qui les vendent ou les afferment presque toujours à des prix exorbitants.

Des Sociétés de secours mutuels et des jurys

de conciliation. — En même temps que l'on s'occuperait de l'enseignement professionnel, il serait bon de combattre énergiquement l'individualisme, c'est-à-dire de réaliser autant que possible cette fraternité entre les hommes qui jusqu'ici n'a guère été qu'une lettre morte. Pour ce faire, il faudrait encourager dans chaque commune, dans chaque village, la formation de sociétés de secours mutuels entre les travailleurs. Ce sont là d'admirables institutions qui démontrent mieux que les plus belles phrases les avantages de la solidarité. Il en existe sur différents points de la République; il devrait en exister partout. Ces associations volontaires n'ont pas seulement pour but de venir en aide aux sociétaires condamnés au repos par des accidents ou des maladies, elles ont en outre pour effet le réveil des douces sympathies; elles préviennent souvent les divisions, les conflits entre petits intérêts; elles éteignent les ressentiments fâcheux.

Un moyen peut-être encore plus efficace dans ses résultats que les associations de secours mutuels serait l'organisation de jurys de conciliation dans nos communes rurales. Cette idée ne nous appartient pas, ce fut Raspail qui, le premier, la formula en 1833 dans le *Réformateur.* A notre tour, nous l'avons exposée dans la *Revue agricole de la Côte-d'Or* et dans les termes qui suivent :

« Ayez le malheur de toucher du pied le champ qui ne vous appartient pas, de tirer une allouette dans les éteules de votre voisin, d'enlever trois ou quatre grains à un raisin mûr, d'imposer à celui-ci ou à celui-là une petite servitude momentanée, ou bien encore de ne pas surveiller d'assez près la vache, la chèvre ou le troupeau de moutons que vous menez au pâturage, et tout aussitôt, il vous faudra composer à prix d'argent, à moins que vous ne préfériez comparaître en justice. De là, des inimitiés, des querelles incessantes, des poursuites acharnées et des frais quelquefois ruineux.

« A cette misérable époque, qui exclut la générosité, l'indulgence et l'oubli des torts, les démêlés judiciaires sont plus fréquents que jamais; et plus que jamais aussi nos campagnes donnent de la besogne aux tribunaux de simple police, de justice de paix et de police correctionnelle.

« Or, la justice ne vit pas de peu. Les huissiers, les greffiers, les avocats, les experts, les témoins, le papier timbré, tout cela coûte et beaucoup. Il vaudrait mieux nourrir deux chevaux à l'écurie pendant un an, que d'entretenir un seul procès pendant six mois. Un avocat qui sait bien embrouiller les affaires et qui fait autorité aux yeux de la magistrature, dévorera, dans deux ou trois plaidoiries d'une heure, les revenus d'une belle exploitation, ou absorbera dans une seule audience les épargnes annuelles du meilleur manouvrier. C'est là, nous devons en convenir, un très-grand mal pour nos campagnes ; mais il y a pis : ce sont les divisions, les haines qui s'ensuivent.

« C'est pourquoi nous nous sommes demandé bien souvent si l'on ne pourrait pas établir, dans chaque commune, un jury de conciliation, afin de prévenir toutes ces discordes et toutes ces procédures qui sont mille fois plus désastreuses pour nos villages que ne le sont la gelée au printemps, la grêle en été et les incendies en toute saison. A notre avis, il serait facile de créer cette institution, qui aurait les rapports les plus frappants avec celle des prud'hommes de l'industrie.

« Les hommes d'intelligence, de bon sens, de droiture, dans chaque commune, se réuniraient un dimanche, entre messe et vêpres, et nommeraient au scrutin un jury composé de six personnes jouissant de l'estime publique, de vieillards principalement. Puis, une fois ce tribunal de paix établi, ceux qui l'auraient nommé s'en reconnaîtraient justiciables, et prendraient l'engagement d'honneur de lui soumettre toutes les petites contestations qui viendraient à s'élever entre eux et d'accepter ses décisions comme définitives. Quiconque, après avoir été jugé ainsi par ses pairs, n'accepterait point la solution et manquerait à son engagement d'honneur, ne pourrait plus, à l'avenir, avoir recours au jury de conciliation.

« Une pareille institution aurait, nous en sommes persuadé, les plus heureux effets. Elle arrêterait, à leur début, des querelles sans importance ; elle calmerait des colères sans motifs ; elle rétablirait la bonne harmonie, souvent rompue entre les habitants d'un même village pour des propos d'enfant, de misérables bavardages ou des fautes très-légères. Au lieu d'aigrir les parties, on se ferait un devoir de les rapprocher et de ramener entre elles la bonne intelligence, à l'aide de ces bons conseils, qui font du bien à qui les donne et à qui les reçoit. Et cela ne coûterait ni frais d'assignation, ni frais de greffe, ni honoraires d'avocats, et il y aurait profit pour tous, profit matériel et profit moral.

« Pour terminer les petits différends qui s'élèvent dans nos communes, la connaissance des quarante mille articles du Code n'est pas nécessaire ; l'amour du bien, le sentiment du juste et de l'injuste y suffiraient presque toujours. »

De la mise en pièce des terrains et de l'association. — Ce sont deux moyens qu'il est facile d'opposer aux graves inconvénients du morcellement de la propriété. Nous avons dit que le plus grand nombre des citoyens détenteurs du sol ne pouvaient agir que sur des

parcelles, souvent très-éloignées les unes des
autres, ce qui occasionnait une perte considé-
rable de temps et d'efforts. Il serait donc à
désirer, aussi bien dans l'intérêt des produc-
teurs que dans celui de la masse des consom-
mateurs que, dans chaque localité, les propriétaires de parcelles consentissent, au
moyen d'échanges, à opérer la mise en pièces.
Tout le monde y gagnerait, car on aurait levé
par ce moyen un des obstacles sérieux qui
forment barrage à l'agriculture progressiste.
Pour nous, la réalisation de cette mise en
pièces ou en bloc est d'autant moins dou-
teuse, qu'à notre connaissance, elle a été opé-
rée avec succès sur différents points, entre
autres dans le canton de Genlis (Côte-d'Or).

Il nous paraît également possible de réaliser, sur une vaste échelle, les associations de
petits propriétaires, afin de transformer la
culture morcelée et de conquérir à son profit
les avantages des grandes exploitations. Isolé,
le petit cultivateur ne peut rien entrepren-
dre, rien innover ; aucune découverte importante ne se trouve à la portée de sa bourse.
Que les faibles se rapprochent, s'unissent, se
concertent entre eux ; qu'ils mettent en
commun des ressources qui, prises séparé-
ment, sont insuffisantes pour chacun ; qu'ils
se procurent en commun l'instrument aratoire qu'ils ne peuvent acheter individuelle-
ment, et de la sorte ils réaliseront sans peine

les bénéfices que l'on est en droit d'attendre de la grande culture. Nous voyons déjà dans bon nombre de localités l'homme qui n'a qu'un cheval, qui ne pourrait en nourrir deux, s'associer un citoyen placé dans les mêmes conditions et former ainsi un attelage complet dans la saison des labours et des semailles. Il ne s'agirait que de conseiller d'étendre ces associations. C'est le devoir des hommes intelligents, des administrations locales et du gouvernement. Offrez des primes d'encouragement aux cultivateurs de bonne volonté, et tout ira bien.

Des banques agricoles, de la mobilisation de la propriété et des assurances par l'Etat. — Si l'argent est le nerf de la guerre, il est aussi le nerf de l'agriculture. Le manque de capitaux est pour nos campagnes un fait désastreux. Dans les temps de calme, le plus petit commerçant, celui qui offre le moins de garanties matérielles, réussit à se faire ouvrir un crédit ou à contracter un emprunt ; le cultivateur est moins heureux. Il ne trouve de capitaux qu'avec une difficulté extrême, en raison du peu de garanties que présente notre régime hypothécaire, et, la plupart du temps, lorsqu'il parvient à contracter des emprunts, c'est sur billets à courte échéance et à des taux usuraires quelquefois monstrueux. Aussi, presque toujours, à moins de circonstances véritablement providentielles, les rembourse-

ments deviennent impossibles et l'expropria-
tion s'ensuit.

Admettons même qu'un cultivateur des
plus laborieux rencontre, à raison de 5
p. 0/0, un capitaliste qui veuille bien le se-
conder, ce cultivateur ne pourra pas, au jour
de l'échéance, remplir ses engagements, attendu que le rapport de la terre est bien au-
dessous de l'intérêt en question. Avec un produit de 2, 2 et 1/2 ou 3 p. 0/0, on n'arrivera
pas à payer 5; c'est clair comme le jour.
Donc, aussi longtemps que vous n'aurez pas
découvert et appliqué les moyens de faire rendre au sol plus qu'il n'a rendu jusqu'ici, et à
moins de frais, vous ne sauverez point les
cultivateurs en leur facilitant des emprunts
au taux légal : vous les ruinerez moins expé-
ditivement que l'usure ; vous leur donnerez
le temps de se sentir rouler dans l'abîme ;
vous les perdrez en dix ans, au lieu de les
perdre en dix mois, mais toujours est-il que
vous les perdrez.

Il est urgent néanmoins de créer des banques
agricoles, afin de donner l'élan à nos exploitations rurales. Et puis, il importe aussi de se
mettre à l'abri de ces crises, de ces paniques
de bourse qui se produisent à chaque com-
motion politique, à chaque bruit de guerre,
et semblent faire rentrer l'argent en terre.
Réformez de suite notre régime hypothécaire;
faites en sorte qu'il offre au prêteur toutes les

garanties désirables ; constituez-vous banquier, vous gouvernement de la République ; mobilisez la propriété ; émettez par cela même du papier-monnaie qui ait une valeur réelle, qui relève du capital foncier, et vous ne serez plus à la merci du numéraire, et vous rendrez un immense service à nos populations agricoles.

En dernier lieu, et toujours dans l'intérêt de la situation financière de nos campagnes qui est gravement compromise, nous voudrions qu'un vaste système d'assurances, organisé par l'Etat, tranquillisât nos cultivateurs et qu'ils n'eussent plus à redouter continuellement les tristes effets de la mortalité du bétail, de la grêle, des incendies, etc. Ils auraient, dans la solvabilité et la loyauté du pouvoir, une confiance sans bornes, et nous n'aurions plus à déplorer ces ruines particulières, dont il est si difficile de se relever, quand cela n'est pas impossible.

Des colonies agricoles, fermes-modèles et encouragements de toutes sortes. — Les villes regorgent de bras, la plupart de nos communes rurales en manquent ; nous sommes de la sorte malheureux par excédant, d'un côté, et, de l'autre, malheureux par pénurie. Il s'agit donc de répartir les forces d'une manière convenable, c'est-à-dire de rétablir l'équilibre, détruit par une émigration continuelle des campagnes vers les villes. Assurément, ce n'est pas une mince affaire, mais ce n'est pas non plus chose impossible.

Il faut tout d'abord arrêter l'émigration en honorant le travail des champs et en fixant les travailleurs au sol par l'attrait d'avantages moraux et matériels. Cette émigration une fois arrêtée, on s'occupera à faire refluer l'excédant des principaux centres de population vers nos villages dégarnis.

Un obstacle se dresse ici devant nous, un obstacle sérieux : les travailleurs de nos villes, eussent-ils du bon vouloir, de l'intelligence, de l'aptitude et toute l'énergie musculaire désirable, ne réussiraient point de prime saut à se transformer en véritables cultivateurs. On n'apprend pas en quelques heures ou en quelques jours à manier une charrue, une houe, une bêche, un attelage ; un apprentissage plus ou moins long est indispensable, et c'est à quoi ne réfléchissent pas assez nos réformateurs de cabinet.

En conséquence, nous considérons comme une nécessité l'établissement de colonies agricoles destinées à former des cultivateurs praticiens. Pour cela, sans doute, l'État aurait à s'imposer des sacrifices considérables ; mais ces sacrifices seraient des plus utiles, et l'argent semé ne le serait pas en pure perte pour l'avenir. Nous avons des terrains en friche qui pourraient être exploités avec quelque espoir, nous avons des sols marécageux à dessécher ; nous avons des terres fort mal cultivées par suite du détestable état des chemins vicinaux ou de desserte. Eh bien ! établissons des colonies d'apprentis cultivateurs dans ces diverses localités ; façonnons les jeunes hommes, et même les enfants, au labeur des champs ; créons, en un mot, cette main-d'œuvre qui nous fait défaut ; formons des pépinières d'ouvriers pour l'agriculture. Dans le principe, nos colons inexpérimentés donneraient à mordre à la critique ; mais en moins d'un an, ou de dix-huit mois, on aurait produit beaucoup d'hommes capables, et par conséquent rendu un immense service à la société.

Pour peupler ces colonies, il serait bon de se montrer d'une grande sévérité, quant au choix du personnel. Tout citoyen rompu aux habitudes dévergondées des grandes villes, tout jeune homme préférant les folles joies d'une société pourrie à une existence calme, laborieuse, bien remplie sous tous les rapports, devraient être écartés avec soin des colonies. Ce qu'il faudrait là tout d'abord, ce sont des citoyens de bonnes mœurs, recherchant le travail, non par caprice, mais par besoin et ne chômant qu'à la dernière extrémité.

En même temps que l'on établirait des colonies pour l'apprentissage agricole, on établirait d'autre part des fermes-modèles, mais sur un autre plan que celui donné par le gouvernement de Louis-Philippe, et qui avait pour but de produire des *maîtres-valets*. Nous voudrions que les fermes-modèles fussent accessibles au pauvre comme au riche, et que la question théorique n'y fût pas plus négligée que la question pratique. Sous Louis-Philippe, on ne comprenait pas ainsi les choses ; on voulait purement et simplement continuer l'empirisme.

C'est ici l'occasion de donner un bon conseil au gouvernement républicain. Il sait comme nous que toutes les écoles socialistes font dans leurs vœux et leurs systèmes une très-large part aux améliorations agricoles. Les diverses écoles en question se cramponnent à l'agriculture avec une louable énergie et la considèrent comme notre planche de salut. Eh bien ! au lieu de batailler contre elles, de discuter leurs doctrines avec aigreur, de les calomnier de temps en temps pour vous épargner des frais d'argumentation, poussez-les à se mettre à l'œuvre, autorisez-les, non à s'imposer, mais à mettre pacifiquement leurs théories en pratique ; donnez-leur des terrains à défricher ; encouragez les associations partielles et volontaires quelles qu'elles soient, du moment où leurs systèmes font autorité dans un cercle étendu ; dites aux phalanstériens, dites aux communistes : A l'œuvre donc ! prouvez-nous l'excellence de vos découvertes ; divulguez-nous le secret de faire produire à chaque grain cinq ou six épis au lieu d'un, et le pays vous en sera reconnaissant ; démontrez-nous paisiblement, en vous soumettant aux lois de votre pays, que l'organisation prêchée par vous est meilleure que celle qui existe ; ne contraignez personne, ne procédez que par la persuasion, et en parlant de la sorte, vous ferez acte de sagesse. Cela vaudrait mieux que de transformer les socialistes en brigands de mélodrames ; que de les irriter au moyen d'injures ou de persécutions ; que de les exaspérer par de fréquentes injustices ; que de crier par-dessus les toits : *Au partage des biens !* quand tous les hommes de quelque bon sens savent parfaitement qu'il n'a jamais été question d'une semblable folie.

Loin de nous donc les odieuses traditions de la royauté ! avant le 24 février ne disait-on pas de vous, hommes du pouvoir, que vous étiez des pillards, des gens sans aveu, qu'il fallait à tout prix *refouler dans l'abîme*. C'était une tactique infâme ; gardez-vous bien d'y recourir contre les socialistes ; tenez compte des bonnes intentions, respectez même l'erreur, n'excommuniez que la mauvaise foi et les tendances criminelles.

Au lieu de vous créer des ennemis irréconciliables et nombreux, mettez les écoles socialistes en demeure de prouver par des essais partiels qu'elles possèdent la science de l'organisation, qu'elles ont en main le salut de la société; engagez ceux-ci à fonder un phalanstère et ceux-là à fonder une commune-modèle; appuyez-les dans ce double essai qui ne froisserait les intérêts de personne, et puis laissez au public le soin de prononcer en dernier ressort. Si nos réformateurs réussissent et nous offrent des avantages incontestables, soit matériels, soit moraux, nous irons à eux; s'ils échouent, nous les plaindrons, et tout sera dit.

Nous ne sommes pas de ceux qui s'imaginent qu'il est d'une honnête politique de créer des fantômes pour effrayer les bonnes gens, de ceux qui nient tout et rejettent toute offre de démonstration. Nous ouvrons notre porte à quiconque se dit porteur d'une vérité; nous l'écoutons respectueusement et l'invitons à nous convertir non avec des paroles seulement, mais avec des faits. Nous voudrions qu'à cette époque de recherches et de tâtonnements inquiets, le Gouvernement républicain fît de même. Quel que fût le résultat, il n'aurait pas à s'en plaindre.

Du moment où l'on a la certitude qu'un adversaire est dans l'erreur, il faut le mettre au défi d'établir qu'il a raison.

Du moment où il y a doute dans l'esprit, il faut chercher à s'éclairer, surtout si la chose en vaut la peine.

Du moment, enfin, où une doctrine remue profondément la société, il faut savoir s'imposer des sacrifices pour l'anéantir sans secousses, si elle est contraire au bonheur de l'humanité, ou pour la faire prévaloir, si elle doit être profitable à tous. Ce serait, à notre avis, de la politique de bonne foi, à laquelle riches et pauvres applaudiraient d'un commun accord.

Nous insistons d'autant plus sur ce point que les essais d'applications socialistes auraient pour résultat de second ordre de désencombrer les villes au profit des campagnes.

En dernier lieu, nous allons aborder le chapitre des encouragements de toutes sortes, au moyen desquels on pourrait et arrêter les émigrations rurales et donner à nos villages la main-d'œuvre qui leur manque.

Il y a des villageois qui désertent les champs pour toujours, persuadés que les travaux de la ville sont moins rudes que ceux du cultivateur et plus lucratifs. Le plus souvent c'est une erreur qu'ils reconnaissent trop tard. Il y a d'autres villageois, et, dans le nombre, beaucoup d'anciens militaires qui ont été gâtés au contact des grands centres de population et ne peuvent plus s'accommoder de la simplicité et de la monotonie des habitudes villageoises.

Il importe de prouver aux premiers qu'ils ont tort, dans la plupart des cas, où de s'efforcer de leur rendre l'existence moins pénible lorsqu'ils se trouvent dans le vrai.

Pour maintenir ou ramener les seconds dans nos villages, il importe de créer des distractions, des divertissements honnêtes, de ces joies pures qui élèvent l'âme et sauvegardent la moralité des populations.

Les cultivateurs riches ou aisés sont en général disposés à détourner leurs enfants de la carrière agricole qu'ils n'estiment pas d'un ordre assez relevé. A cet égard, nous répéterons ce que nous avons écrit quelque part : « Dans l'état actuel des choses, nous comprenons que les citoyens agissent ainsi. L'existence de l'homme qui remue la terre n'est ni aussi douce ni aussi attrayante que le disent les poëtes ; c'est, au contraire, une existence rude, difficile et très-peu lucrative lorsqu'elle n'est pas ruineuse. Mais en sera-t-il toujours ainsi ? Le laboureur est-il condamné indéfiniment à remplir une mission de pionnier et d'empirique ? Sa profession sera-t-elle éternellement rivée à la routine des siècles ? Nous ne le pensons pas ; nous avons, au contraire, la ferme conviction qu'elle a sa place marquée en tête des professions libérales, que l'agriculture s'élèvera très-prochainement à la hauteur des sciences de premier ordre, qu'elle jouira d'une considération réelle, et qu'alors elle comportera un attrait assez puissant pour amener à elle des intelligences qui n'ont à choisir aujourd'hui qu'entre quatre ou cinq carrières encombrées. »

Afin de donner de suite aux cultivateurs des gages de ses bonnes dispositions à leur endroit, le Gouvernement républicain devrait :

1° Établir dans chaque commune rurale une bibliothèque populaire ;

2° Créer pour nos populations agricoles un journal hebdomadaire à très-bas prix, qui les initierait à la vie politique en même temps qu'il s'occuperait spécialement de leurs intérêts ;

3° Mettre à la disposition des comités et comices agricoles des allocations importantes destinées à être réparties en primes ;

4° Mettre à la disposition de ces mêmes comités et comices les instruments aratoires d'invention récente ;

5° Améliorer la position des instituteurs ;

6° Déclarer que l'instruction sera donnée gratuitement dans nos villages, à partir du 1er janvier 1849.

Nous avons indiqué précédemment les autres améliorations à introduire dans nos campagnes ; nous n'y reviendrons pas.

Certes, on reconnaîtra que les réformes que nous sollicitons en faveur de l'agriculture et que les conseils que nous nous permettons de donner au Gouvernement de la République n'ont aucun caractère aventureux ; on reconnaîtra que ces conseils peuvent être entendus sans danger, et ces réformes pratiquées sans de grandes difficultés. Donc, il ne nous reste plus, en terminant, qu'à former des vœux pour qu'il en soit ainsi.

Paris, Paul Dupont.